Neue FilzIdeen

Marlies Busch

VERLAG FÜR DIE FRAU
BUCH

Inhalt

Verfilzt und zugenäht

Die Welt „verfilzt“ zusehends und auch wir und unsere Leser hatten so viel Spaß an unserem ersten Filzbuch, dass wir ein zweites nachgelegt haben.
Randvoll mit unendlich vielen Ideen, gefilzt und aus Fertigfilz hergestellt, bunt und fröhlich, einfach in der Anleitung, aber effektvoll in der Wirkung, modern, aktuell und ungemein kultig.
Der Umgang mit Fertigfilz ist kinderleicht, denn er muss nicht gesäumt, ja nicht einmal genäht werden. Die meisten Objekte sind einfach geklebt.
Also, krempeln Sie die Ärmel hoch, es ist ganz leicht und macht unglaublich viel Spaß!

Die Grundtechniken des Filzens

MATERIAL

- **kardierte Wolle in verschiedenen Farben**
- **kardierte Wolle in Rohweiß**
- **Schmier-, Kern- oder Olivenseife**
- **Gemüsehobel oder Käsereibe**
- **Topf**
- **Schüssel mit warmem Wasser**
- **Schneebesen**
- **einen wassersicheren Arbeitsplatz**
- **Essig**
- **Noppenfolie oder Moosgummi (optimal: Antirutschfolie von Ikea)**
- **Schere**
- **Kugelschreiber**
- **Frotteehandtuch**
- **Spülbürste oder Wäschesprenger**
- **Waschbrett**

1 Drei Dinge sind für den Filzprozess notwendig:

- Wasser: Die Feuchtigkeit sollte möglichst sparsam verwendet werden
- Hitze: Das Wasser sollte so warm wie möglich sein (ca. 60°C), für Kinder etwas kühler
- Bewegung: Durch Reibung oder Druck verhaken sich die Wollfasern ineinander und es entsteht ein fester Stoff.

2 Die nordische Filztechnik nennt man Reibetechnik und sie eignet sich hervorragend für das dreidimensionale Filzen. Dazu werden kleine Wollflocken der kardierten Wolle auf einer Noppenfolie-/Moosgummischablone wie Dachziegel übereinander gelegt. Die zweite Lage wird über Kreuz zur ersten gelegt. Es sollten immer mindestens zwei Lagen Wolle sein, bei dickerem Filz auch mehrere (siehe S. 48).
Der Farbaufbau beim Filzen kann auf zwei Arten geschehen: positiv, d.h. alles später Sichtbare wird als letzte Schicht aufgelegt, oder negativ, d.h. alles später Sichtbare wird zuerst gelegt, darüber die Schmuckfarbe, dann die Grundfarbe. Später wird das Stück gewendet.

3 Für die Lauge Schmierseife oder in Flocken geschabte Kernseife in heißem Wasser (60°C) auflösen. Die Seifenmenge hängt vom Härtegrad des Wassers ab. Es sollte eine weiche Seifenlauge entstehen. Die Wolle mit der in Lauge getauchten Spülbürste oder mit dem Wäschesprenger befeuchten.

4 Nun mit den Handflächen ganz vorsichtig über die Wollfasern reiben. Bleibt die Wolle an den Händen kleben, mehr Seifenlauge zugeben. Vorsicht: die Wolle darf nicht „schwimmen". Mit der Zeit immer kräftiger reiben, bis sich die Wollfasern ineinander verhakt haben. Die Wolle sollte sich nicht verschieben und es dürfen keine Löcher entstehen.

5 Wenn sich die Wolle gut verbunden hat und sich bei der Zupfprobe keine Fasern lösen, das Filzstück auf einem Waschbrett kräftig rubbeln. Das nennt man Walken und das Filzstück schrumpft nun bis zu 30%. Das ist wichtig, wenn ein Kleidungsstück (Schuh, Handschuh oder Hut) gefilzt wird. Steht kein Waschbrett zur Verfügung, kann auch auf einer Noppenfolie oder genoppten Automatte gewalkt werden.

6 Das Filzstück ist fertig und wird nun in klarem Wasser gespült. Ins letzte Spülwasser kann ein Schuss Essig gegeben werden, so werden die Farben kräftiger und der Filz weicher. Der getrocknete Filz kann durch Bügeln mit einem feuchten Tuch ein wenig geglättet werden, die Form wird dadurch noch fixiert.

Neben warmem Wasser Grundausstattung zum Filzen: Wolle, Seife, eine Reibe und Schablonen.

Hilfe in der Not

MATERIAL

- **Schere**
- **Nagelbürste oder Zahnbürste zum Aufrauen**
- **kleine Stahlbürste**
- **Vorfilz (also bereits gefilzte Reste)**
- **Plastikfolie**

Löcher: Können verhindert werden, indem man vor Beginn des Filzens die ausgelegte Wolle abtastet. Ein bereits entstandenes Loch kann mit dünnen, kreuz und quer gelegten Fasern verschlossen werden.

Lose Zungen: Können abgeschnitten werden. Die Partie vorsichtig mit einer Stahlbürste aufkratzen und die losen Fasern mit viel Seife wieder anfilzen. Sollte die Stelle dünn sein, die Zunge aufbürsten und einfilzen.

Ungleichmäßige Ränder: Können verhindert werden, indem man die Kanten in eine Plastikfolie einschlägt. Mit leichtem Druck und kreisenden Bewegungen, ohne die Folie zu verschieben, werden die Ränder festgefilzt.

Muster halten nicht auf dem Untergrund: Womöglich ist der Filz zu glatt, deshalb den Untergrund und unter Umständen auch das Musterstück mit einer Stahlbürste aufrauen und mit viel Seife anfilzen.

Bälle, bunt und fröhlich

MATERIAL

- **kardierte Wolle in Rohweiß**
- **kardierte Wolle in verschiedenen Rot-, Blau- und Lilatönen**
- **Seifenlauge**
- **Essigwasser**

TIPP

Das Innenleben der Bälle kann auch aus Pingpongbällen, Styroporkugeln, Überraschungseihüllen, gerundeten Korken oder Wollknäueln bestehen.

1 Die rohfarbene und die farbige Wolle zuerst mit noch trockenen Händen zu kleinen Flocken zupfen. Einen Strang rohfarbene Wolle in der Mitte verknoten und die beiden Enden um den Knoten zu einem kleinen Knäuel wickeln. Zum ersten Mal in die warme Seifenlauge tauchen.

2 Nach und nach die Schichten der rohfarbenen Wolle kreuz und quer um den Ball legen, wieder in die Seifenlauge tauchen und zart andrücken, nicht reiben. Hat der Ball die gewünschte Größe erreicht, bekommt er seine endgültige farbige Oberflächengestaltung.

3 Dazu die gewünschten Farben wieder kreuz und quer um den Ball wickeln und immer leicht mit Seifenlauge andrücken. Der Ball sollte nicht kalt werden, daher stetig warmes Wasser darüber schöpfen. Bisher wurde die Wolle nur gewickelt, doch nun beginnt der Filzprozess.

4 Damit sich die Wollfasern bis in den Kern hinein verbinden, wird der Ball immer fester gedrückt, zwischen den Handflächen gerollt und geknetet. Die Fasern werden durch den Druck verdichtet, der Ball schrumpft. Der Ball ist fertig, wenn er sich fest und glatt anfühlt.

5 Den fertigen Ball nun mit klarem Wasser ausspülen. Ein letzter Spülgang mit einem Schuss Essig gibt dem Ball mehr Glanz und der Farbe mehr Intensität. Anschließend den Ball nochmals in Form rollen und je nach Jahreszeit etwa ein bis zwei Tage trocknen lassen.

6 Die Balloberfläche ähnelt einer Mondlandschaft? Dann muss noch kraftvoll zum Inneren hin gefilzt werden. Die Fasern haben sich noch nicht ausreichend verbunden? Die farbigen Wollfasern „hängen“ in der Luft? Behutsam eine weitere Schicht farbiger Wollflocken darüber filzen.

Bestickte Kugeln

MATERIAL

- **kardierte Wolle in den gewünschten Farben**
- **Seifenlauge**
- **Essigwasser**
- **Pailletten und kleine Perlen**
- **Perlennadel**

Die Kugeln wie in der Anleitung für die Bälle beginnen und im Miniformat ausführen. Die Bälle nach dem Filzen in Essigwasser spülen. Die fertigen Kugeln mit je einer Paillette und einer passenden kleinen Perle in gleichmäßigen Abständen besticken. Die Kugeln können einzeln oder zu mehreren auf einem Faden aufgefädelt werden. So entsteht eine Kette oder ein hübsches Armband.

Lustiges Stuhlkissen

MATERIAL

- **kardierte Wolle in fröhlichen Farben**
- **Seifenlauge**
- **Wollreste**
- **Essigwasser**
- **lange Stopfnadel**
- **stabiler Faden**

Zuerst werden 36 Bälle der gleichen Größe gefertigt. Für alle, denen es an Geduld fehlt, kann das Innenleben aus einem kleinen Knäuel Strickwolle bestehen, der dann umfilzt wird.
Die Bälle nach dem Filzen in Essigwasser spülen.
Jeweils sechs der Bälle nach dem Trocknen auffädeln, dabei auf eine interessante Farbfolge achten. Die Ballketten nebeneinander legen und quer verbinden. So entsteht ein festes Stuhlkissen.
Die Farben können natürlich nach persönlichem Geschmack variiert werden.

Eine schmucke Sache

MATERIAL

- **kardierte Wolle in den gewünschten Farben**
- **Seifenlauge**
- **Essigwasser**
- **lange Stopfnadel**
- **stabiles Gummiband**
- **bunte Perlen**

1 Ein dünner Strang kardierter Wolle wird in der gewünschten Farbe um den Finger gewickelt. Dann in entgegengesetzter Richtung zu einer länglichen Perle gefilzt.

2 Nach dem Filzen in Essigwasser spülen und trocknen lassen. Die Filzperlen farblich sortiert auf das Gummiband fädeln, bis die gewünschte Länge erreicht ist.

3 Das grüne Armband wird mit je einer farblich passenden Perle zwischen den Filzperlen aufgefädelt. Das Gummiband dann fest verknoten.

Dieser Schmuck kann auch als Haargummi verwendet werden. Glitzerelemente, wie Perlen und Muscheln, bringen leuchtende Akzente.

Ring aus Filz

Für den Ring wird ein Filzstrang einige Male um den Daumen gewickelt. Nun eine längliche Perle an den Ring filzen und mit kleinen Filzfusseln verbinden.
Den Ring zuerst am Daumen filzen, wenn er anfängt zu schrumpfen, am Ringfinger. Vorsicht, nicht zu fest an den Finger filzen.
Wenn der Ring fertig ist, die Seifenlauge ausspülen, zuletzt in Essigwasser. Nach Wunsch kann der Ring noch mit Perlen und Pailletten bestickt werden.

Dekokugeln

Ob Weihnachtsschmuck oder Dekospaß, die Kugeln machen Freude beim Filzen und beim Anschauen.

MATERIAL

- **kardierte Wolle in Weiß und Pink**
- **Seifenlauge**
- **Essigwasser**
- **Wollreste**

Die Dekokugeln werden von der Grundtechnik her wie die Bälle auf Seite 4 gearbeitet. Auch hier gilt für alle, die nicht die entsprechende Geduld aufbringen: das Innenleben der Bälle mit einem Knäuel Strickwolle vorarbeiten.

Die Kugeln in weißer kardierter Wolle arbeiten, aber noch nicht walken. Die Schmuckfarbe mit etwas Seife „ankleben" und anfilzen. Erst dann kann die Kugel gewalkt werden.

Tipp

Das Innenleben der Kugeln kann auch aus Tischtennisbällen, Styroporkugeln, mit Kies gefüllten Überraschungseiern oder, besonders geeignet für Jonglierbälle, mit Sand gefüllten Luftballons bestehen.

Schneeflöckchen, Filzröckchen

MATERIAL

- **Wollfilz, 4 mm dick in Rot**
- **Textilkleber**
- **Schneidemesser**
- **Phantomstift**
- **Windlichtglas**

1 Den halben Umfang des gewünschten Windlichtglases zuzüglich beidseitig je einem Zentimeter abmessen und mit dem Phantomstift auf den Filz übertragen. Der Stift hat den Vorteil, dass alles gezeichnete nach einigen Stunden wieder verschwindet.

2 Das Sternenmotiv auf die Mitte des Filzstücks übertragen und vorsichtig mit dem Schneidemesser ausschneiden. Die beiden Filzteile um das Glas legen und mit dem Textilkleber die Naht zusammenkleben. Eine Windlichtkerze hineingeben. Das Licht scheint nun durch das Sternenmotiv.

3 Sehr schön sehen auch Tannenbaum, Engelsflügel oder Schneesterne aus. Ein reizendes Geschenk sind auch Hüllen für Teegläser, dabei sollte der Filz nicht ganz bis zum oberen Rand des Glases reichen, damit er nicht beim Trinken stört.

Sternenvariante

Auch Mobiles lassen sich aus den leichten Filzsternen basteln.

MATERIAL
- **Wollfilz 4 mm dick in Rottönen**
- **Schneidemesser oder Schere**

Je zwei Sterne gleicher Farbe von den Vorlagen auf den Filz übertragen, ausschneiden und einseitig bis zur Mitte einschneiden.

Sehr gut eignen sich natürlich die Ausschnitte aus dem Windlicht.
Die Sternteile ineinander stecken. Falls gewünscht mit einem Faden versehen, so kann man die Sterne auch an den Christbaum hängen.
Ebenso lassen sich so Herzen und Tannenbäume in einen dreidimensionalen Weihnachtsschmuck verwandeln.

Bauchtaschen

MATERIAL

- **kardierte Wolle in den Farben Gelb, Rot, Orange, Blau und Grün**
- **Seifenlauge**
- **Moosgummi**
- **Schere**
- **Essigwasser**

(große Abbildung rechts)

1 Aus dem Moosgummi eine Schablone herstellen, die etwa um 1/3 größer ist als die Wärmflasche. Die kardierte Wolle in den gewünschten Farben zurechtzupfen und das Streifenmuster auflegen. Mit der Grundfarbe in der Querrichtung weiterarbeiten.

2 Für den Überzug sollten etwa 7-8 Schichten Wolle gelegt werden. Die Enden der Wolle ragen über die Schablone hinaus. Die Wolle leicht anfilzen und dann die Schablone auf die andere Seite drehen.

3 Die gleiche Streifenfolge auf der Rückseite auflegen, die überlappende Wolle von der Vorderseite umklappen und mit der Grundfarbe wieder über 7-8 Schichten kreuz und quer zulegen. Diese Seite ebenfalls anfilzen, den Zupftest machen und leicht walken.

4 Die obere Seite in der Mitte ein Stück aufschneiden, die Schablone herausnehmen, den Überzug auf die rechte Seite drehen und nun fest walken, bis der Schrumpfprozess einsetzt.

5 An den Ausschnitt noch eine Art „Rollkragen“ in einer Schmuckfarbe anfilzen. Nach dem Filzen den Überzug ausspülen, zuletzt in Essigwasser, das macht die Farben intensiver und die Wolle glänzender.

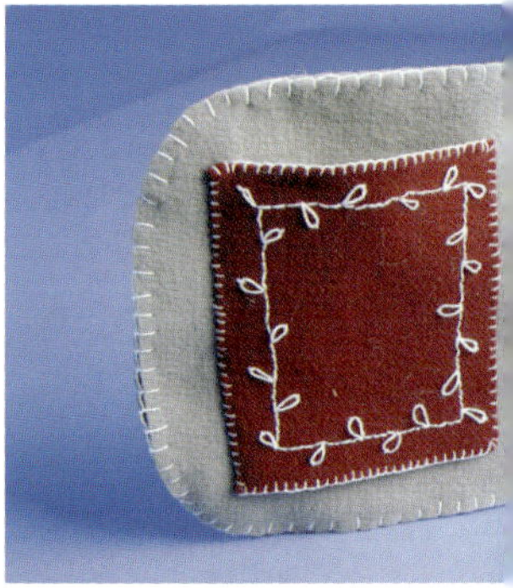

Stickstiche für Fertigfilz

Langetten- oder Schlingstich: Der Stich wird von links nach rechts gearbeitet. Mit einem Abstand von 7 mm unterhalb des Randes einstechen, die Nadel zum Rand hin führen und den Faden um die Nadel legen. So kommt der Faden auf der Kante zu liegen. Der Schlingstich wird ohne Durchzug durch die Schlinge gestickt.

Kettstich: Wird von oben nach unten gearbeitet, dafür nach dem Ausstechen den Faden zu einer Schlinge legen, wieder beim Ausgangspunkt einstechen und dabei die Schlinge mitfassen und befestigen. Den Faden nicht zu fest anziehen, da sich sonst die Kette zusammenzieht.

Stepp- oder Rückstich: Ist der normale Nähstich und wird von oben nach unten gearbeitet. Dafür nach dem Ausstechen den Faden von oben in der gewünschten Länge, ca. 0,5 cm, einstechen, unterhalb entlangführen und im gleichen Abstand wieder ausstechen.

Graue Wärmflaschentasche

Darauf achten, dass die Wärmflasche durch den Halsausschnitt passt!

MATERIAL

- **Wollfilz in Grau und Bordeauxrot, 4 mm dick**
- **Stickperlgarn in Weiß**
- **Schere**
- **Stecknadeln**

(kleine Abbildung)

Entsprechend der Größe der Wärmflasche zuzüglich einer Nahtzugabe von 1 cm aus dem grauen Filz zwei Teile zuschneiden, die dem Umfang der Wärmflasche entsprechen. Aus bordeauxfarbenem Filz ein Quadrat zuschneiden, das als Tasche auf die Wärmflasche passt. Die Tasche mit einem Abstand von ca. 1,5 cm mit einer Bordüre aus 5-6 Steppstichen und je einem Blatt als Kettstich umstechen. Anschließend die Seitenteile mit dem Langettenstich verzieren. Die Tasche mit den Stecknadeln fixieren und mit Schlingstichen aufnähen. Anschließend die beiden grauen Teile mit Stecknadeln zusammenstecken und mit dem Langettenstich zusammenfügen. Darauf achten, dass für den „Halsausschnitt" genügend Platz offen bleibt.

Auf leisen Sohlen

MATERIAL

- **kardierte Wolle in den gewünschten Farben**
- **Seifenlauge**
- **Moosgummi**
- **Schere**
- **Essigwasser**
- **Kugelschreiber**

1

Zuerst aus dem Moosgummi eine Schablone zuschneiden, die etwa rundum 3 cm größer ist als der fertige Hausschuh letztlich sein soll.
Die Wolle mit noch trockenen Händen in Flocken zupfen. Dachziegelartig die erste Schicht der äußeren Farbe (der Schuh wird anschließend gewendet) auf die Schablone legen, eine zweite quer zur ersten.

2

Dann in der inneren Farbe über 5-6 Lagen weiterarbeiten, wobei das Prinzip immer eine Schicht längs, die nächste quer eingehalten werden muss. Immer wieder prüfen, ob zu dünne Stellen dabei entstehen und dann mit Extraflöckchen korrigieren. Je nach Einsatzgebiet, die Sohlen mit 3-4 Lagen mehr Wollflocken belegen.

3

Die Wolle anfeuchten und vorsichtig mit den Handballen niederdrücken und anfilzen. Die andere Seite der Schablone genauso arbeiten, dabei zuvor die überlappenden Ränder einklappen und mitfilzen. Das ganze Filzstück immer wieder fest drücken, dann reiben und dann sogar durch Einrollen der ganzen Form festigen.

4

Ist die Zupfprobe bestanden und lösen sich keine Fasern mehr, so kann die Schablone durch eine ovale Öffnung, die sich im hinteren Drittel befinden sollte, und die entweder durch Aussparen oder durch einen kleinen Schnitt mit der Schere entstanden ist, entnommen werden. Beim anschließenden Walken weitet sich die Öffnung.

5

Nach Wunsch kann man einen kleinen Zipfel an der Hacke stehen lassen. Der Schuh wird nun gewendet und „klein“ gewalkt und wird dadurch sehr strapazierfähig. Ist der Schuh fertig, wird er gründlich ausgespült, zum Schluss in Essigwasser. So werden die letzten Reste an Seifenlauge entfernt und die Wolle bekommt einen schönen Glanz.

6

Tipp: Zur Berechnung der Filzschuhgröße sollte der Fuß, an den die Hausschuhe passen sollen, auf einem Stück Papier abgezeichnet werden. Nun rundum ca. 2-4 cm zugeben, je nach Schuhgröße, abrunden und auf die Moosgummiplatte übertragen. Die Schablone kann mehrfach verwendet werden, also auch für ein Paar Hausschuhe wird nur eine Schablone benötigt.

Hohe Filzschuhe

Bodenschoner und wärmender Begleiter.

MATERIAL
- **kardierte Wolle in den gewünschten Farben**
- **Seifenlauge**
- **Moosgummi**
- **Schere**
- **Essigwasser**

(ohne Abbildung)

Für die hohen Filzschuhe eine Schablone aus Moosgummi fertigen, die dem Fußabdruck entspricht zuzüglich 4-5 cm rundum und im Profil einen Schaft mit einer Höhe von ca. 25 cm bei einer Schuhgröße von 38-40.

Der Filzvorgang ist der gleiche, wie bei den niedrigen Hausschuhen, nur der obere Rand bleibt offen. Nach dem Anfilzen die Schablone entnehmen, den Schuh in ein Frotteehandtuch wickeln und kräftig walken.

Dann kann der Schuh am Fuß fertig gewalkt werden. Vorsicht, den Schaft nicht zu fest walken, sonst ist kein Ausstieg mehr möglich. Den Schuh ausspülen, zuletzt in Essigwasser spülen und trocknen lassen.

Filzige Taschen

MATERIAL

- **kardierte Wolle in den gewünschten Farben**
- **Seifenlauge**
- **Moosgummi**
- **Kugelschreiber**
- **Schere**
- **Essigwasser**

1 Für die Handytäschchen aus Moosgummi eine Schablone zuschneiden, die einem Rechteck mit einer Spitze entspricht, etwas größer als später gewünscht. Filzwolle in gewünschten Farben zurechtzupfen, dann dachziegelartig auf das Moosgummi legen.

2 Die Muster werden zuerst aufgelegt, dann immer in Längs- und Querrichtung arbeiten, über 5-6 Schichten. Dann die Wolle vorsichtig anfeuchten und anfilzen. Die Schablone wenden und überlappende Ränder einklappen.

3 Das Muster auflegen und dann in Schichten arbeiten, wie zuvor. Nach dem Anfilzen vorsichtig etwas walken. Das Filzteil an der Spitze aufschneiden, umdrehen, die Schablone herausnehmen und das Teil kräftig durchwalken, bis der Schrumpfprozess einsetzt.

4 Die Filztasche auswaschen und in Essigwasser ausspülen. So kommen die Farben schön zur Geltung. Die Tasche trocknen lassen. Dann eine Spitze nach innen klappen, die andere als Lasche über die Tasche legen.

5 Als Verschluss eignen sich neben Druckknöpfen auch Bänder, gefilzte Knöpfe oder große Perlen, sowie Muscheln.

6 Ornamente können auch im trockenen Zustand mit einer speziellen Filznadel, die mit Widerhaken versehen ist, aufgebracht werden. Die Haken ziehen die einzelnen Wollhaare ineinander, so dass sie sich verhaken können.

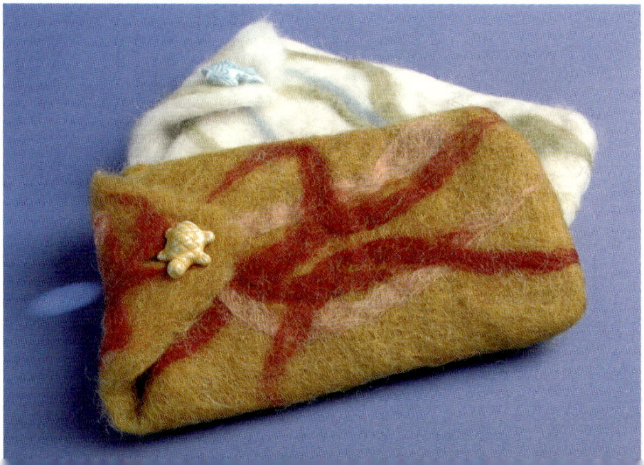

7 Es ist auch möglich mit der Filznadel ganze Filzobjekte zu arbeiten, aber es ist sehr langwierig. Bei dieser Technik muss nur eine geringe Verkleinerung eingerechnet werden.

Geheimnisvolle Wendetasche.

Tasche mit zwei Seiten

MATERIAL

- **kardierte Wolle in Natur und Hellblau**
- **Seifenlauge**
- **Moosgummi**
- **Kugelschreiber**
- **Schere**
- **Essigwasser**

Die Schablone für diese Tasche ist oval. Auch hier wird zuerst das Muster aufgelegt und zwar auf der einen Seite drei Kringel, auf der anderen Seite Längsstreifen.

Die Arbeitsfolge ist die gleiche wie bei der Handytasche. Ist die Tasche gefilzt, wird die Seite, auf der sich der eine Kringel befindet, aufgeschnitten. Nun wird die Tasche umgedreht und gewalkt.

Klappt man nun die eine Lasche ein, hat man Streifen mit einem Kringel, auf der anderen Seite befinden sich zwei Kringel.

Lustige Eierwärmer

MATERIAL

- **kardierte Wolle in Rot- und Gelbtönen**
- **Seifenlauge**
- **Moosgummi**
- **Kugelschreiber**
- **Schere**
- **Essigwasser**

1 Die Schablone für die Zipfelmützen ist aus Moosgummi und hat die Form eines langgestreckten Dreiecks. Die Wolle in den gewünschten Farben mit noch trockenen Fingern zurechtzupfen.

2 Die Farben, die nach außen kommen, sollen zuerst über 2-3 Schichten dachziegelartig auf die Schablone gelegt werden, dann 2-3 Schichten der inneren Farbe. Die Wolle vorsichtig anfeuchten, anfilzen und die Schablone wenden.

3 Die ersten 2-3 Schichten auflegen, die überlappenden Enden umklappen und die Schicht der inneren Farbe auflegen. Ebenfalls anfilzen.

4 Die Zipfelmützen nun an der unteren Seite aufschneiden, die Schablone entfernen und walken, bis der Schrumpfprozess einsetzt. Die Mützchen auswaschen, zuletzt in Essigwasser, damit die Wolle schön glänzt.

5 Diese Zipfelmütze kann man natürlich auch in richtig groß arbeiten. Die Schablone sollte eine Größe haben, die dem Kopfumfang entspricht, zuzüglich 3-4 cm beidseitig.

6 Da die großen Teile sich nicht so schnell verfilzen, wie die kleinen, sollte die Schablone hier nicht entfernt, sondern in der Mütze des öfteren um einige Zentimeter verschoben werden, damit keine Nahtstelle zu sehen ist.

Sehr putzig sehen die langen Zipfel aus, wenn man sie verknotet, dann stehen auch die Spitzen schön ab.

Zipfelmütze mit Knoten

MATERIAL

- **kardierte Wolle in gewünschten Farben, hier Blau- und Grüntöne**
- **Seifenlauge**
- **Moosgummi**

(kleine Abbildung)

Die Schablone für diese lustigen kleinen Eierwärmer sind Quadrate mit einer abgerundeten Seite ähnlich einer Kirchenkuppel. Ansonsten werden auch diese Mützchen gefilzt, wie die Zipfelmützen. Die kleinen Zipfel hier entstehen durch die etwas zu lang gelassenen Wollfasern, die zu einer Kordel verfilzt und anschließend verknotet werden. Auch diese Mützen lassen sich zu „ausgewachsenen" Hüten filzen, hierbei sollte allerdings sehr weiche Filzwolle verwendet werden.

Schick verhüllt

MATERIAL

- **Formfilz in Weiß und Apfelgrün**
- **Motivlocher mit Ornament**
- **Klebstoff**
- **Schere**
- **Kugelschreiber**
- **Schneidemesser**
- **Glasvase oder Windlicht**

1 Der Formfilz ist sehr fest, denn normalerweise wird er angefeuchtet und dann in die gewünschte Form gebracht. Hier wurde er im Originalzustand als Vasenhülle verarbeitet.

2 Zuerst die Formen der Vase abnehmen, die umkleidet werden soll. Den Filz zuschneiden und dann mit dem Stanzer die Ornamente wie gewünscht herausstanzen. Die Stanzteile fürs nächste Objekt aufheben.

3 Die Teile entsprechend auf die Vase oder das Windlicht kleben. Besonders schön sieht das Windlicht aus, wenn durch die Ornamente der Kerzenschein fällt.

Filzblüten

Die Filzblüten werden aus 4 mm dickem Filz gefertigt. Dazu einen Kreis mit einem Durchmesser von 6 cm zuschneiden und sternförmig bis fast zur Mitte einschneiden. In die Mitte einen kleinen Perlmuttknopf nähen und schon ist eine schöne Blume fertig. Als Knopf an einer Tasche oder als Anstecknadel ans Revers, dieses Blümchen findet sicher Verwendung.

Nette Einmerker entstehen aus den Resten der Stanzung.

Ornamental

MATERIAL
- **Formfilz in Weiß**
- **Motivlocher**
- **Klebstoff**
- **Vase oder Windlicht**

Die Stanzteile mit dem Motivlocher aus dem Formfilz ausstanzen, oder die Stanzteile aus der vorigen Bastelarbeit nehmen. Die Teile vorsichtig direkt auf die Vase oder das Windlicht aufkleben. Die Motivlocher gibt es übrigens auch als Sterne, Herzen, Katzen und viele andere Motive. Normale Filzplatten lassen sich jedoch nicht stanzen, der Stoff ist zu weich.

Gemüsegarten

MATERIAL

- **kardierte Wolle in den Farben Dunkelrot, Weiß, Dunkelgrün, Orange und Hellgrün**
- **Seifenlauge**
- **Essigwasser**

1 Die Radieschen werden wie die Bälle auf Seite 6 gefertigt, mit dem Unterschied, dass an einer Seite die überhängenden Wollfransen als „Radieschenwurzel" mit etwas weißer Wolle verfilzt werden.

2 Das Radieschengrün besteht aus, in der Hand dünn gefilzten, dunkelgrünen Blättern. Die Blätter werden später mit der Trockenfilznadel an das Radieschen gefilzt.

3 Für die Karotten zuerst eine kleine, orange Kugel formen, dann wie beim Radieschen die Wollfransen an einer Seite lang heraushängen lassen. Mit quer gelegten Wollfasern verstärken, bis die Karotte die richtige Form und Größe hat.

4 Das Karottengrün wird aus Wollfasern in Hellgrün geformt, die als Büschel einfach nur in die Seifenlauge getaucht und dann auseinander gezupft werden. Das Grün wird mit der Trockenfilznadel an die Karotten angefilzt.

Obstkörbchen

Auch ein ganzes Obstkörbchen kann aus Filz hergestellt werden. Erdbeeren, Kirschen, Äpfel, Pflaumen, Birnen oder Aprikosen haben eine mehr oder weniger runde bis ovale Form, die in Filz leicht nachgeformt werden kann. In den richtigen Farben, versehen mit dem richtigen Blattwerk ist das gefilzte Obstkörbchen schnell gefüllt und ist Deko oder Kindereinkaufsladeninventar.

Maschinengemüse

Lustige Tischdeko oder reizendes Spielzeug: Filzobst und -gemüse.

MATERIAL

- **kardierte Wolle in den Farben Rot und Grün**
- **Seifenlauge**
- **Essigwasser**
- **evtl. Wollreste**
- **Waschmaschine**

Die schnellste Variante ist das Filzen in der Waschmaschine, das sich besonders für größere Produktionen von Bällen, respektive Früchten eignet.

Die Bälle werden anfänglich gearbeitet, wie in der Grundanleitung Seite 6 beschrieben. Nach dem gründlichen Anfilzen werden die Bälle in einen Damenstrumpf gesteckt und durch einen Knoten voneinander getrennt.

Nun kann man die Bälle im Strumpf bei 60 Grad in der Waschmaschine waschen. Vorsicht, einige Farben „bluten" aus, daher besser immer nur einen Farbschlag zusammen in die Waschmaschine stecken.

Marienkäferparade

MATERIAL
- **Fertigfilz 3 mm in Weiß, Rot und Schwarz**
- **Klebstoff**
- **Schere**
- **Stecknadeln**
- **Nähgarn in Schwarz**
- **Nähmaschine**

(große Abb. rechts)

1 Zuerst wird der Fußabdruck etwas vergrößert und als Oval abgerundet. Die beiden Seitenteile haben eine untere Kantenlänge, die der Hälfte der Sohle entspricht. Dann die Seite, an die später der Kopf kommt, leicht kuppelförmig abrunden und in einem Bogen nach oben führen.

2 Die Sohle in Schwarz 2 x zuschneiden, dann die Seitenteile 4 x. Das vordere Seitenteil für den Kopf noch 4 x in Schwarz zuschneiden. Einige Punkte in Schwarz und für die Augen in Weiß ausschneiden und auf die Seitenteile und das Kopfteil kleben.

3 Nun die Kopfteile an der oberen Kante im Zickzackstich mit der Nähmaschine zusammennähen, die beiden roten Körperteile an der Hacke und an der Vorderseite ein Stück zusammenzackeln. Zuletzt die Sohle mit Stecknadeln einstecken und mit der Maschine, ebenfalls im Zickzackstich einnähen. Das Kopfteil ankleben, einen kleinen Punkt als Pupille in die Mitte des Auges kleben und fertig sind die Hausschuhe.

Käferschühchen

Selbstverständlich können die Marienkäferschuhe auch gefilzt werden. Dazu nach der Schuhanleitung für hohe Schuhe auf Seite 15 Schuhe in Rot arbeiten.
Wenn die Schuhe fertig gefilzt und getrocknet sind, einfach mit der Filznadel die Punkte, den schwarzen Kopf und die Augen auffilzen.
So lassen sich auch Froschschuhe, Mäuse- oder Maikäferschuhe herstellen.

Kleine Käferparade

MATERIAL
- **kardierte Wolle in Schwarz und Rot**
- **Seifenlauge**
- **Essigwasser**
- **Filznadel**

(kleine Abbildung)

Die Grundform der kleinen Käferchen ist eine Kugel. Die Grundanleitung ist auf Seite 6 unter der Anleitung für Bälle zu finden.

Die Käferchen werden in Rot gearbeitet und vor dem Trocknen etwas flach gedrückt. Der Kopf, der Rückenstrich, die Punkte und die Augen werden zum Schluss, nach dem Trocknen, mit der Filznadel aufgefilzt.

Farbenfrohe Sets

MATERIAL
- **kardierte Wolle in fröhlichen Farben**
- **Seifenlauge**
- **Reisigmatte**
- **Essigwasser**

1 Für das farbenfroh gestreifte Set werden die zuvor mit trockenen Fingern zurechtgezupften Wollen in den gewünschten Farben als Längsstreifen auf einer Reisigmatte ausgelegt. Die nächste Schicht wird quer in Gelb gearbeitet, dann noch 2-3 Schichten einfarbig.

2 Die Wolle vorsichtig befeuchten, niederdrücken und anfilzen. Nun die Matte zusammenrollen und kräftig drücken. Immer wieder aufrollen, die Lage der Streifen kontrollieren und korrigieren und weiterwalken.

3 Ist das Set kräftig gewalkt worden und der Schrumpfprozess hat eingesetzt, ist das Filzstück fertig. Ausspülen, zuletzt mit Essigwasser, das entfernt auch den letzten Rest an Seife und gibt gerade den leuchtfarbigen Wollen besonderen Glanz.

Varianten

Dieses Set kann auch mit lustigen Kringeln oder anderen Ornamenten verziert werden. Auch kariert oder gepunktet sieht so ein Set sicher schön aus. Die Motive können auch später mit der Filznadel zum Trockenfilzen aufgefilzt werden.

Sets aus Fertigfilz

MATERIAL

- **Fertigfilz 4 mm dick in Orange, Zyklam, Goldgelb und Oliv**
- **Lineal**
- **Klebstoff**
- **Schneidemesser**
- **Kugelschreiber**

(Abbildung links)

Das orange Set in entsprechender Größe zuschneiden und an einer Seite in Abständen von 6 cm quer Schlitze mit einer Länge von 6 cm hineinschneiden.
In Zyklam einen Streifen schneiden, dessen Länge der Breite des Sets entspricht, mit einer Breite von 5 cm. Diesen Streifen durch die Schlitze des Sets ziehen.
Für das Set in Oliv und Goldgelb werden lange Streifen mit einer Breite von 5 cm in Oliv geschnitten und kurze mit gleicher Breite in Goldgelb. Die Streifen so miteinander verflechten, dass ein Set in entsprechender Größe entsteht. Die Anfänge und Enden mit etwas Klebstoff fixieren.

Frohe Weihnachten

MATERIAL

- **Filzstoff in Weiß**
- **Fertigfilz 4 mm in Rot**
- **Sticktwist in Rot**
- **Klebstoff**
- **Schere**
- **Phantomstift**
- **Sticknadel**
- **Ringnieten**
- **Lederband**
- **Stecknadeln**
- **Holzperlen mit großen Löchern**

1 Pro Tasche je 2 Quadrate gleicher Größe in Weiß zuschneiden, für die Seitenteile je 2 Streifen mit einer Breite von 5 cm und einem Bodenteil mit gleicher Breite.

2 Die Teile mit den Stecknadeln zusammenstecken und mit einem Langettenstich (Beschreibung auf Seite 12) zusammenfügen. Auch den oberen Rand der Täschchen umstechen.

3 In die Mitte des Randes je eine Ringniete klopfen, ein Lederband durchfädeln, einige Holzperlen aufziehen und zum Schluss noch das Rentier aus dickem Filz ausschneiden und aufkleben. Eine schöne Idee ist auch das Rentier als Schlüsselanhänger.

Geschenkverpackung und Geschenk in einem: die hübschen Weihnachtstüten aus Filz, ganz genauso natürlich zu basteln für andere Gelegenheiten oder groß zum Aufbewahren hübscher Andenken.

Nikolausmützen

Nicht nur für Kinder ein individueller Nikolausspaß.

MATERIAL

- **Filzstoff in Rot**
- **Plüschstoff in Weiß**
- **Fertigfilz 4 mm in Rot**
- **Klebstoff**
- **Schere**
- **Nähfaden in Weiß**
- **Nähnadel**

Für jede Nikolausmütze ein Schnittteil in Form einer viertel Torte aus dem roten Filzstoff zuschneiden. Je einen Streifen von 4 cm Breite und der Länge des unteren Randes der Mütze aus dem Plüsch schneiden, für die Bommel ein kleines Quadrat.

Die Mützchen an den Kanten zusammenkleben, den Plüschstreifen unten ankleben, dann das kleine Quadrat zu einer Bommel zusammenziehen und an die Spitze der Mütze nähen.

Die Vorlage für das Rentier auf den dicken Filz übertragen und ausschneiden. Je ein Rentier auf den Plüschrand der Mützen kleben. Sehr schön sehen statt des Rentiers auch Sterne, Herzen oder Tannenbäume aus.

Wer besonders fleißig sein will, kann 24 Mützchen als Adventskalender herstellen.

Kistchen, Kästchen

MATERIAL

- **Fertigfilz 4 mm dick in Rottönen**
- **Sticktwist in den passenden Farben**
- **Sticknadel**
- **Schere**
- **Phantomstift**
- **Lineal**

(Abbildung rechte Seite)

1 Zuerst werden auf dem Fertigfilz Quadrate ausgemessen und ausgeschnitten. Nun die Ecken komplett quadratisch ausschneiden, die Größe des Quadrates bestimmt die Höhe des Kistchens.

2 Mit dem Sticktwist nun die Seitenteile mit einem Langettenstich (Anleitung Seite 12) zusammenfassen. Die Kistchen können in der Größe variiert werden.

Kistchen in Grün

MATERIAL

- **Fertigfilz 4 mm dick in Grün**
- **Sticktwist in kontrastierender Farbe**
- **Sticknadel**
- **Schere**
- **Kugelschreiber**

(Abbildung oben)

Die grüne Kiste wird gearbeitet wie die Weihnachtstütchen (Anleitung Seite 28), nur der Rand wird nicht bis zum Ende geschlossen. Die oberen Ränder werden umgeklappt.

Auf diese Art und Weise können auch ganz große Kisten gearbeitet werden. Für alle, die ungern sticken; die Kisten können auch mit der Nähmaschine zusammengefügt werden.

Reizende Kleinigkeit. Post-it-Wärmer

Lustiger Einband für Post-it

MATERIAL

- **Fertigfilz 4 mm dick in den gewünschten Farben**
- **Druckknopfset für Anoraks**
- **Schere**
- **Phantomstift**
- **Post-it**
- **Klebstoff**

Der Größe des Post-it´s entsprechend doppelt mit der Lasche als Verschluss ein Schnittteil mit dem Phantomstift aufzeichnen.

Das Teil ausschneiden, einseitig an die Lasche den Druckknopf der Anleitung entsprechend einschlagen, das Gegenstück auf der Rückseite platzieren. Das Post-it einkleben.

In gleicher Art und Weise können auch größere und große Buchhüllen oder Einbände gefertigt werden. Die Filzstücke können dann noch mit entsprechenden Motiven verziert werden. Interessant ist auch eine Verziertechnik, wie bei den Taschen Seite 28.

Gummibärchenkissen

MATERIAL

- **kardierte Wolle in der Farbe Zyklam**
- **Seifenlauge**
- **Moosgummi**
- **Kugelschreiber**
- **Schere**
- **Füllwatte**
- **Essigwasser**

1 Die Schablone aus Moosgummi entsprechend einem Gummibärchen zuschneiden. Die Größe kann frei gewählt werden. Die Filzwolle in der gewünschten Farbe mit noch trockenen Fingern zurechtzupfen.

2 Die Schablone dachziegelartig mit der Wolle belegen, die nächste Schicht quer zur ersten, über 7-8 Lagen. Vorsichtig mit Lauge besprengen, die Wolle herunterdrücken und anfilzen.

3 Nun die Schablone wenden, die überlappende Wolle umklappen und die zweite Seite ebenfalls mit Wolle über 7-8 Lagen belegen. Die Wolle anfilzen und nun leicht walken. Die Unterseite ein Stück aufschneiden, die Schablone entnehmen und das Bärchen durchwalken, bis der Schrumpfprozess einsetzt.

4 Das Gummibärchen ausspülen, das letzte mal mit Essigwasser, so wird auch der letzte Rest an Seifenlauge entfernt und die Farben kommen glänzend zur Geltung. Nach dem Trocknen das Bärchen mit Füllwatte füllen und zunähen. Nach Wunsch noch Augen, Nase und Mund aufsticken.

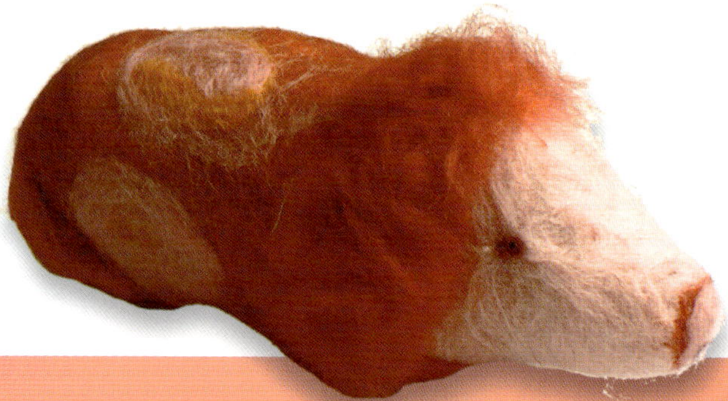

Tierische Parade

Nach dem Prinzip des Gummibärchens lassen sich viele Tiere als Kissen arbeiten. Besonders schön und einfach sind Fische, die in vielen fröhlichen Farben gestaltet werden können, oder Schildkröte und Krokodil. Besonders Kinder freuen sich über ein kleines Kuschelkissen in Form ihres Lieblingstiers. Für die kleinen Liebhaber großer Düfte kann das Innenleben der Tierchen parfümiert sein. Das Prinzip ist immer das gleiche, die groben Umrisse des Tieres aufzeichnen und dann mit Filz umhüllen. Ein Elefant oder ein Seehund kann doch jeder leicht nachmalen und je kindlicher, je schöner.

Plüschschwein Rosi

MATERIAL
- **kardierte Wolle in den gewünschten Farben, hier Rottöne**
- **Filznadel fürs Trockenfilzen**

(Abbildung links)

Einen dicken Strang rosaroter Wolle zusammenfassen und quer dazu mit einigen Strängen umwickeln. Mit der Filznadel fürs Trockenfilzen zusammenfilzen.

Die Schnauze in Rosa anfügen und einige rosa Punkte auf den Bauch platzieren. Die Körperform durch Anfügen von Filzsträngen herausformen.

Nun einen rosaroten Kragen mit der Filznadel anfilzen, das Schnäuzchen und die Augen verzieren und Rosi, das poppige Plüschschwein, ist fertig.

Taschen mit aufgesteppten Nähten

MATERIAL

- **Fertigfilz 4 mm dick in den Farben Orange, Apfelgrün und Hellblau**
- **Schere**
- **farblich passendes oder kontrastierendes Nähgarn**
- **Nähmaschine**
- **Phantomstift**
- **Stecknadeln**
- **Nähnadeln**
- **Heftfaden**

1 Zuerst den Fertigfilz in der gewünschten Farbe entsprechend der Vorlage zuschneiden. Das Muster in Linien mit der Nähmaschine auf Vorder- und Rückenteil sticken.

2 Nun die Teile zusammenfügen und mit den Stecknadeln feststecken. Anschließend heften und mit der Nähmaschine absteppen. Der Schulterriemen sollte mehrfach übersteppt werden, um ihn stabil zu machen.

3 Die kleinen Taschen werden von der Schrittfolge genauso genäht wie die großen, die Maße ändern sich aber wie in der Vorlage. Zudem wird das Muster in Karos aufgesteppt.

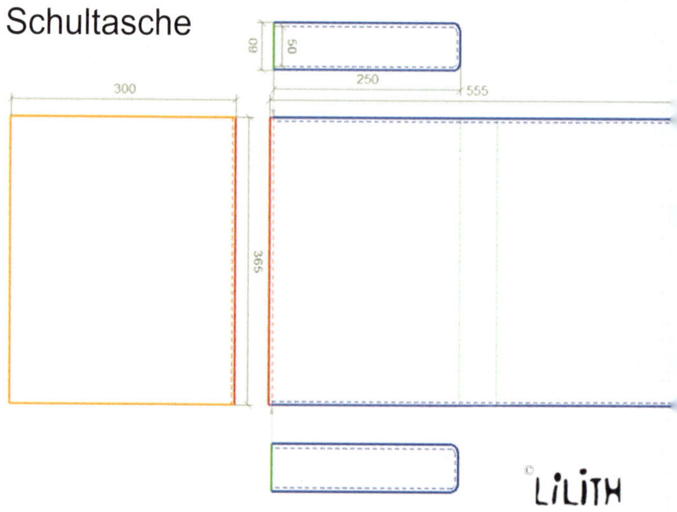

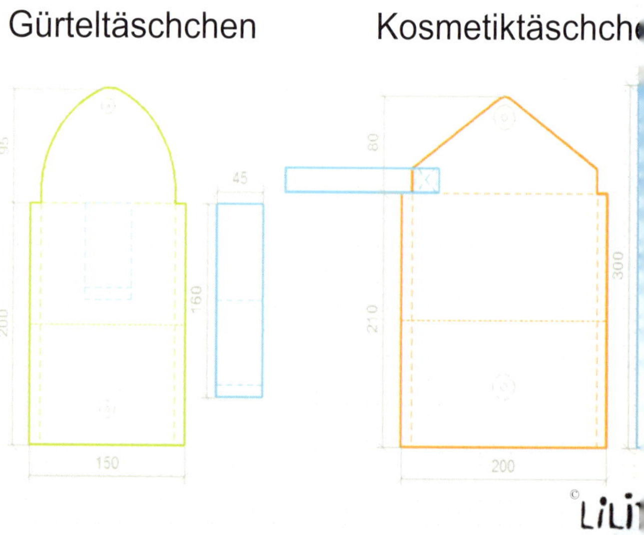

Taschenparade

MATERIAL
- kardierte Wolle in Rottönen
- Seifenlauge
- Moosgummi
- Kugelschreiber
- Schere
- Essigwasser
- Stecknadeln
- rotes Nähgarn
- Nähnadel

1 Ein großes Oval entsprechend der späteren Taschenform einschließlich Henkel aus dem Moosgummi ausschneiden. Die Wolle mit noch trockenen Händen zurechtzupfen.

2 Die Wolle dachziegelartig auf die Moosgummischablone legen, zuerst in Längsrichtung, dann quer, über 9- 10 Lagen, dabei mit den Rottönen spielen.

3 Vorsichtig anfeuchten, dann niederdrücken und durch leichtes Reiben anfilzen. Nun die Moosgummimatte mit dem Filzteil umdrehen, die überlappenden Wollfransen einklappen und die Schablone mit Wolle belegen, genau wie die erste Seite auch.

4 Wenn beide Seiten gut angefilzt sind und sich nach der Filzprobe keine Fusseln mehr lösen, am oberen Ende des Ovals ein rundes Loch schneiden, so dass die oberen Teile einen dicken Henkel ergeben.

5 Die Schablone entnehmen und die Tasche fest walken, bis der Schrumpfprozess einsetzt.
Die Tasche in klarem Wasser ausspülen, zuletzt in Essigwasser, so wird auch der letzte Rest an Seife neutralisiert und die Filzwolle behält ihre glänzende Farbe.

6 Nach dem Trocknen den Henkel mit dem Nähgarn zusammennähen und weiterführend die Eingriffe als Saum befestigen. So wird die Tasche stabiler.

Blüte

MATERIAL
- kardierte Wolle in Rot- und Pinktönen, Gelb und Grün
- Seifenlauge
- Schere
- Essigwasser

Aus einem langen Strang einen Stängel filzen, dabei die Wolle an den beiden Enden nicht mitfilzen. Dann pro Blume einen etwas welligen Kreis filzen, die Farben wunschgemäß auflegen. Drei kleine Kugeln für die Stempel filzen (oder eine große) und in der Mitte anfilzen. Wenn die Blüte fast fertig ist, mit dem Stängel durch Anfilzen verbinden.

Federmäppchen

MATERIAL

- **kardierte Wolle in Rot, Pink, Gelb, Grün**
- **Seifenlauge**
- **Schere**
- **Muscheln**
- **Zackenschere**

Ein rechteckiges Stück Moosgummi schneiden, ca. 9 x 18 cm groß. Die Wolle in den gewünschten Farben auseinanderzupfen und in Streifen auflegen, das Filzstück wird zum Schluss gewendet. Die zweite Lage in Rot quer zur ersten legen. Noch weitere 4-5 Lagen Wolle im Wechsel von längs und quer dachziegelartig auflegen.

Die Wolle anfeuchten und vorsichtig niederdrücken, anfilzen, wenden und in gleicher Weise verfahren. Anfilzen, bis die Zupfprobe bestanden ist. Die Schablone einseitig aufschneiden und das Filzstück walken. Nachdem der Schrumpfprozess eingesetzt hat, die Tasche auswaschen. Nach dem Trocknen den oberen Rand mit der Zackenschere begradigen und zur Zierde zwei Muscheln annähen.

Warme Hände

MATERIAL

- **kardierte Wolle in Weiß, Blau- und Grüntönen**
- **Seifenlauge**
- **Moosgummi**
- **Kugelschreiber**
- **Schere**
- **weißer Plüschstoff**
- **grünes Nähgarn**
- **Nähnadel**
- **Essigwasser**

1 Für den Muff zuerst aus dem Moosgummi eine Schablone zuschneiden, die einem Rechteck entspricht mit 50 cm Länge und 30 cm Breite. Die Wolle mit noch trockenen Fingern zurechtzupfen und dann dachziegelartig in Streifen auf die Moosgummiplatte legen.

2 Die unifarbene Wolle quer darüber legen und so über 7-8 Lagen arbeiten. Dann die Wolle vorsichtig mit Lauge anfeuchten, herunterdrücken und langsam anfilzen.

3 Ist diese Seite angefilzt, wenden, die überlappenden Wollfransen einklappen, aber nur oben und unten, denn an den Seiten bleibt der Muff offen, wie ein Tunnel.

4 Die zweite Seite arbeiten wie die erste. Damit keine Naht zu sehen ist, die Schablone öfters ein Stück verrücken. Wenn die Wolle gut angefilzt ist, die Schablone entnehmen und den Muff kräftig walken.

5 Wenn der Schrumpfprozess eingesetzt hat, das Filzstück in klarem Wasser ausspülen. Zum Schluss in Essigwasser spülen, das entfernt auch den letzten Rest Seife und bringt einen schönen Glanz in die Wolle.

6 Eine lange Kordel filzen, indem die Wolle langstapelig genommen und mit kleinen Wollfusseln umfilzt wird. Nach dem Trocknen den Plüsch einnähen und die Wollschnur durchführen und verknoten.

Tipps und Tricks

Sollen beide Handschuhe das exakt gleiche Muster haben, so kann man mit zwei gleichen Schablonen arbeiten. Die beiden Schablonen exakt mit dem gleichen Muster und der gleichen Anzahl von Wolllagen belegen und einen Handschuh genauso filzen wie den anderen. Dabei nur beachten, dass die Handschuhe gegengleich sein sollten. Sehr schön sieht ein passender Schal oder ein Hut aus. Der Schal kann, sollte er zu kratzig sein, mit einer Stahlbürste wieder leicht aufgeraut werden. Dann wird er weich und kuschelig wie ein Mohairschal.

Handschuh oder Topflappen

MATERIAL

- **kardierte Wolle in Pink und Grün**
- **Seifenlauge**
- **Moosgummi**
- **Kugelschreiber**
- **Schere**
- **Essigwasser**

Zuerst die Schablone aus Moosgummi so zuschneiden, dass der Handschuh rundum etwa 3 cm größer ist, als die Hand, an die er später passen soll.
Nun die Wolle zurechtzupfen. Die gewünschten Muster, hier sind es schmale Streifen, die hin und wieder unter dem Grün verschwinden, zuerst auflegen, dann uni weiterarbeiten, über 5-6 Lagen, dachziegelartig.
Die Wolle vorsichtig mit der Seifenlauge anfeuchten und herunter drücken. Leicht anfilzen. Vorsicht am Daumen, der ist schwierig zu umfilzen. Die Schablone mit der Wolle umdrehen, die überlappenden Wollfransen einklappen und die zweite Seite arbeiten, wie die erste.
Wenn die Zupfprobe bestanden ist, die Schablone herausnehmen, den Handschuh wenden und kräftig walken, bis er die passende Größe hat. Dann in klarem Wasser auswaschen und in Essigwasser spülen.

Abendtäschchen mit Pailletten

MATERIAL
- **Fertigfilz in Rosa**
- **Stecknadeln**
- **Nähgarn in passender Farbe**
- **Nähnadel**
- **Nähmaschine**
- **Schere**
- **Pailletten**

(Abbildung rechte Seite, hinteres Täschchen)

1 Zuerst die Schnittmaße auf den Filz übertragen und ausschneiden. Dann mit der Nähmaschine im Stickstich nach Lust und Laune das Vorderteil in einer kontrastierenden Farbe besticken. Dabei sind Ihrer Fantasie keine Grenzen gesetzt.

2 Die Teile zusammenfügen, mit den Stecknadeln feststecken und am Außenrand mit der Nähmaschine zusammennähen. Die Pailletten in beliebiger Form aufsticken.

Ornament mit Perlen und Pailletten

MATERIAL
- **Blumendraht**
- **Filzstoff in Pink**
- **dünner Golddraht**
- **Perlen und Pailletten**
- **Lurexgarn**
- **Schere**
- **Klebstoff**

Einige Blumendrähte zusammennehmen und mit einem Draht auf 35 cm umwickeln, damit er stabiler wird.
Den umwickelten Draht mit in 1 cm breite Streifen geschnittenen Filzstoff umwickeln und ab und zu mit Klebstoff befestigen.
Anschließend das Gebilde mit dem Golddraht, auf den zuvor Pailletten und kleine Perlen aufgefädelt wurden, umwickeln.
Nun kann der Draht beliebig gebogen werden. Aus dem Lurex eine Quaste wickeln (siehe Riesenkorb Seite 44) und mit weiteren drei Perlen am unteren Ende des Ornaments annähen. Eine Schlaufe als Aufhängung an der oberen Seite befestigen.

Rotes Abendtäschchen

Gerade das Glitzernde der Pailletten zu der matten Struktur des Filz ergibt einen besonders reizvollen Kontrast.

MATERIAL

- **Fertigfilz in Rot und Bordeaux**
- **Stecknadeln**
- **Nähgarn in passender Farbe**
- **Nähnadel**
- **Nähmaschine**
- **Schere**
- **Knöpfe, Kordel und Posamente in passenden Farben**

Diese Tasche wird gearbeitet wie die Taschen mit den aufgesteppten Nähten (Seite 34).
Die Teile zusammenstecken und mit der Maschine zusammenfügen.
An der Innenseite der Rückseite ein zusammengeklapptes Rechteck aus rotem Filz annähen.

Nach der Fertigstellung der Tasche je einen Knopf vorne an der Tasche und einen an der Lasche annähen (siehe Foto), mit einem Posament schließen. Die farblich passende Kordel von innen an die Seitenteile annähen.

Buchstabensalat

MATERIAL

- **Fertigfilz 4 mm dick in Grün, Maigrün und Blau**
- **Schere**
- **Papier**
- **Bleistift**
- **Phantomstift**
- **Stecknadeln**
- **Sticknadel**
- **Füllwatte**
- **Sticktwist in entsprechenden Kontrastfarben**

(Abbildung rechts)

1 Die entsprechenden Buchstaben in der gewünschten Größe auf Papier zeichnen und ausschneiden. Die Stärke der Buchstaben nicht zu gering wählen. Die Schnitte auf den Filz übertragen und 2 mal ausschneiden.

2 Die Filzbuchstaben zusammenstecken und dann mit einem Schlingstich (Anleitung Seite 12) zusammenfügen. Dabei wird etwa 0,75 cm unterhalb der Kante von hinten eingestochen und der Faden einfach um die Kante geschlungen.

3 Es ist einfacher den Buchstaben etappenweise mit der Füllwatte zu füllen, so erreicht man besser alle Stellen. Ist der Buchstabe fertig gefüllt und umschlungen, den Faden vernähen.

Ob als Geschenkbuchstaben oder als Kissen, Buchstaben aus Filz haben immer Konjunktur. Sie können in Handteller-klein als Schlüsselanhänger bis mannshoch gefertigt werden – Filz kann man auch als Meterware kaufen.

Kleine Buchstaben

Aus Filz lassen sich auch gut kleine Buchstaben oder Zahlen ausschneiden, die dann als Geschenkanhänger oder in dickerem Filz als Schlüsselanhänger Verwendung finden. Auch als Namensschild an der Tür zum Kinderzimmer oder in edlem Weiß oder Blau als Hinweisschild zum Badezimmer machen sich die Buchstaben gut. Die ganz edle Variante ist dann der verschnörkelte, mit kleinen Perlen und Pailletten bestickte Buchstabe aus dickem Filz, der auf einem Samtkissen platziert wird.

ABC-Kissen

MATERIAL

- **Fertigfilz 4 mm dick in den gewünschten Farben**
- **Schere, Papier und Bleistift**
- **Nähmaschine**
- **Nähgarn in passenden Farben**
- **Stecknadeln**
- **Heftfaden**
- **Nähgarn**
- **Füllwatte**

(ohne Abbildung)

Zuerst in der entsprechenden Größe den gewünschten Buchstaben auf Papier zeichnen und ausschneiden. Dann auf den Filz übertragen und zweimal zuschneiden. Nun die Seitenteile immer in entsprechender Länge der Buchstabenkanten zuschneiden. Bei einem Kissen von etwa 40 cm sollte der Seitenstreifen 12-13 cm ohne Nahtzugabe sein, bei größeren entsprechend mehr.

Die Seitenteile an die Kanten eines Buchstabenteils stecken, anheften und dann mit der Nähmaschine annähen. Die Kanten an den Nahtstellen schließen. Die andere Seite bis auf eine Stelle an das zweite Teil stecken, heften und dann ansteppen. Da die Nähte besser aussehen, wenn sie nach außen zeigen, muss das Kissen nicht gewendet werden. Den Buchstaben füllen und das letzte Stück schließen.

Riesenkorb

MATERIAL

- **kardierte Wolle in den Farben Natur und Hellbraun**
- **Seifenlauge**
- **Moosgummi**
- **Kugelschreiber**
- **Schere**
- **Essigwasser**

1 Aus Moosgummi eine entsprechend große, rechteckige Form zuschneiden, die Ecken und den Boden am unteren Teil etwas abrunden.

2 Zuerst die braunen Punkte auflegen, dann die zuvor mit noch trockenen Fingern gezupfte Wolle dachziegelartig auflegen, zuerst längs, dann eine Schicht quer.

3 Nach einigen Schichten die Wolle anfeuchten, vorsichtig andrücken und die nächsten Schichten auflegen. Da der Korb sehr groß und hoch wird, sollten schon 20-22 Schichten gelegt werden, je nach gewünschter Stabilität.

4 Den Korb anfilzen, die Form wenden und erneut mit Wolle in gleicher Weise belegen, wie die erste Seite. Die überlappende Wolle der Seiten mit einarbeiten. Der obere Rand wird offen gearbeitet.

5 Nach dem Anfilzen die Form im Inneren öfter einmal verschieben, damit keine sichtbare Naht zu erkennen ist. Die Schablone entnehmen und den Korb kräftig walken. Dabei den Boden etwas ausformen, damit der Korb später stehen bleibt.

6 Nach dem Walken, wenn der Schrumpfprozess eingesetzt hat, den Korb ausspülen, zuletzt in Essigwasser, um auch den letzten Rest von Seifenlauge zu neutralisieren. Der Korb kann noch mit einer Quaste verziert werden.

Verzierungen

Der Korb kann noch mit Lederbändern, Quasten, Knöpfen, Holzperlen oder Bast verziert werden.

Entweder werden die Ränder mit dem Langettenstich (Anleitung Seite 12) mit Lederbändern umstochen oder aus Baumwollfäden eine Quaste angebunden.

Quaste

Die Wolle über ein Taschenbuch in Längsrichtung wickeln, bis zur gewünschten Quastendicke. Nun auf einer Seite aufschneiden und die andere Seite abbinden. Eine Kordel drehen und oben durch den Abbindfaden ziehen. Zum Schluss die Quaste durch einen Holzring ziehen und die Fäden begradigen. Sollte kein passender Holzring vorhanden sein, einfach mit Wolle umwickeln.

Hüte

MATERIAL

- **kardierte Wolle in den gewünschten Farben**
- **Seifenlauge**
- **Moosgummi**
- **Kugelschreiber**
- **Schere**
- **Essigwasser**

In gleicher Art und Weise, mit gleicher Schablone wie der große Korb, können auch Hüte gearbeitet werden.
Für die richtige Größe 1/3 des Kopfumfanges abziehen.

Frohe Ostern

MATERIAL

- **Fertigfilz 4 mm dick in Frühlingsfarben**
- **Schere**
- **Lineal**
- **Phantomstift**

1 Aus dem Filz Quadrate mit einer Länge von 15-17 cm schneiden, die Mitte markieren und von dort aus den Filz sternförmig einschneiden. Das Ei von unten in den Eierhalter setzten.

2 Die Blümchen entsprechend der Vorlage auf den Filz übertragen und ausschneiden. Die Filzblumen auf einen Eierbecher oder eine Vase setzen und das Ei oder die Blumen von oben hineinstecken.

Blumenreigen

Kleine Blümchen eignen sich als Verzierung für Tischdekorationen oder zum Aufkleben auf Geschenke ganz hervorragend.

Auch als Dekoration für Kissen oder Vorhänge kommen Filzblümchen zum Einsatz. Viele Blümchen hintereinander aufgefädelt oder mit einer Perle dazwischen werden zu einer Kette oder einem Armband. Ein etwas größeres Blümchen mit einem Filzstreifen zu einem Ring.

Bilderrahmen

MATERIAL

- **Formfilz in den gewünschten Farben**
- **Phantomstift**
- **Schere**
- **Klebstoff**
- **Motivlocher in Herzform**

Der Formfilz ist sehr stabil und kann daher mit dem Motivlocher bearbeitet werden. Formfilz kann auch nass gemacht und um ein Objekt geformt werden. Nach dem Trocknen behält er seine Form. Hier wurde der Rand eines zuvor ausgeschnittenen Bilderrahmens gelocht. Anschließend in gleicher Größe in einer anderen Farbe einen Hintergrund schaffen. Das gewünschte Bild hineinkleben und den Hintergrund auf den Bilderrahmen kleben.

Schablone und Grundanleitung

1 Auf die beiden Herzschablonen aus Moosgummi werden die ersten Flockenschichten gelegt. Links wird positiv, rechts negativ gefilzt.

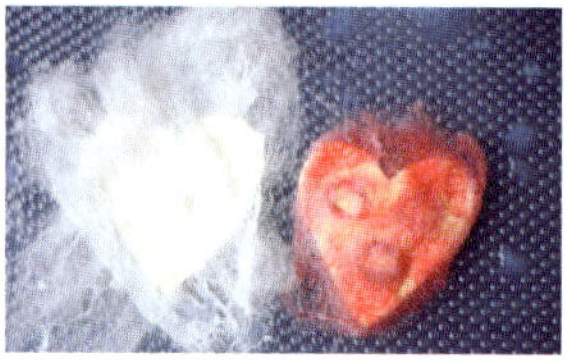

2 Links wird dachziegelartig eine zweite Schicht rohweiße Wolle, rechts die erste Schicht Schmuckfarbe gelegt.

3 Links und rechts werden weitere Schichten Wolle aufgelegt, so dass alles gleichmäßig dachziegelartig belegt ist.

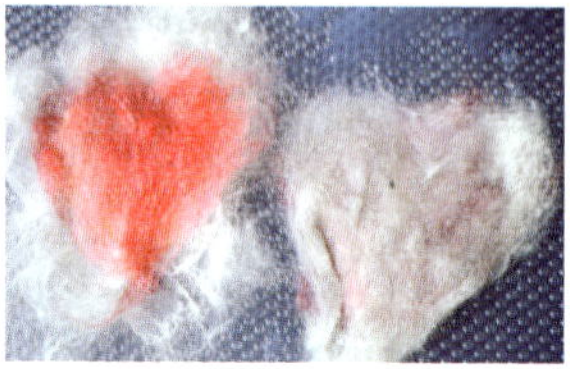

4 Nun kommt links die erste Schicht Schmuckfarbe und rechts die erste Schicht Grundfarbe darauf, insgesamt zweimal.

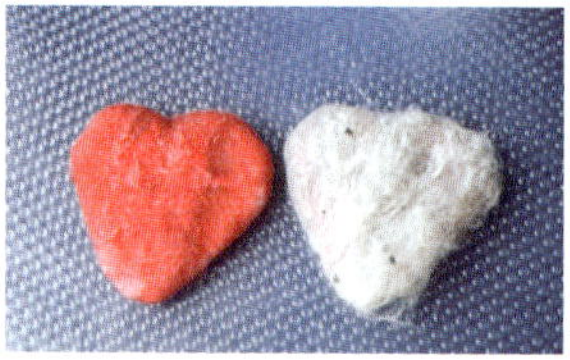

5 Nach jeweils einer weiteren Schicht werden die Ränder umgeklappt, und die andere Seite entsprechend belegt. Die Ränder werden mit eingefilzt.

6 Nun wird vorsichtig mit der Lauge gedrückt, dann gerieben. Langsam beginnt der Filzprozess. So lange, bis sich bei der Zupfprobe keine Fasern lösen.

7 Jetzt beginnt das Walken z.B. auf Noppenfolie oder Automatte, dann können die Filzstücke an einer Ecke aufgeschnitten werden.

8 Die Schablonen werden entfernt, das rechte, negative Filzstück wird umgedreht und man sieht das Muster.

9 Jetzt können die Herzen noch gefüllt werden, entweder mit Füllwolle oder je nach Gebrauch mit Rosenblättern etc.

Umrisse für die Schablonen

ISBN 3-89798-142-4
1. Auflage 2005

Fotos: Paxmann/Teutsch Buchprojekte, München
Gesamtlayout: Ingo Engel für Paxmann/Teutsch Buchprojekte, München
Druck: print consult
Printed in Germany

Wir danken Ursula Dichtl (Schumannstr. 5, 81679 München, Tel. 089/47 77 21, eMail: freudichdrauf@gmx.de) für die Bereitstellung der Filzwerkstücke auf den Seiten 34/35 und 41 sowie für die Spende von Material. Wir danken KnorrPrandell in Lichtenfels für die Bereitstellung der Materialien.
Die übrigen Filzstücke sind von Marlies Busch entworfen und gefertigt worden.